Testé maison

100 LUNCHS EXPRESS

Super débutants

Les petits Marabout

sommaire

PANZANELLA

tomates panachées
900 g

pain de campagne
× 4 belles tranches

basilic
× 1 bouquet

ail
× 2 petites gousses

huile d'olive
5 cl

vinaigre de xérès
3 cuillerées à soupe

prêt en 10 minutes

sans cuisson

pour 4 personnes

- Couper les tomates en morceaux réguliers. Verser dans un saladier. Ajouter l'ail pressé, l'huile et le vinaigre. Assaisonner.
- Griller le pain. Le couper en cubes d'environ 3 cm, ajouter dans la salade ainsi que les feuilles de basilic. Mélanger bien de façon que le pain s'imprègne du jus de la tomate.
- Goûter, rectifier l'assaisonnement si besoin.

SALADE CÉSAR

prêt en 30 minutes

17 minutes de cuisson

pour 6 personnes

laitue romaine
× 1

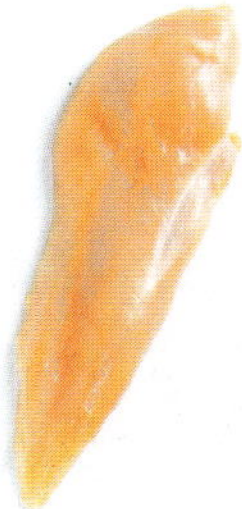

blancs de poulet
300 g

mayonnaise
80 g

sauce Worcestershire
4 cuillerées à soupe

parmesan
70 g

baguette
× 1/4

- Griller le poulet dans une poêle bien chaude 6 minutes de chaque côté. L'emballer dans du papier d'aluminium, laisser refroidir.
- Couper la baguette en croûtons, les dorer 5 minutes dans la poêle avec un peu de matière grasse sur feu vif.
- Mélanger la mayonnaise et la sauce Worcestershire. Effeuiller la salade, la mélanger à la mayonnaise, saler et poivrer.
- Servir la salade avec le poulet coupé en tranches, le parmesan en copeaux et les croûtons.

MELON, POULET & FETA

melon charentais
× 1

blancs de poulet
300 g

feta
100 g

aneth
× 2 brins

pastis
4 cuillerées à soupe

huile d'olive
4 cuillerées à soupe

prêt en 20 minutes

12 minutes de cuisson
15 minutes de repos

pour 6 personnes

- Griller le blanc de poulet 6 minutes de chaque côté, l'emballer dans du papier d'aluminium, laisser tiédir 15 minutes.
- Peler le melon, le couper en deux, l'égrener et le couper en morceaux. Le mélanger avec le pastis et l'huile d'olive. Laisser reposer 10 minutes au frais.
- Couper le poulet en lanières, ciseler l'aneth, effriter la feta.
- Mélanger le melon avec le poulet, la feta et l'aneth, 2 pincées de sel et de poivre. Servir frais.

COURGETTE & BROUSSE

courgettes
× 2

brousse
200 g

pignons de pin
40 g

basilic
× ½ bouquet

huile d'olive
6 cuillerées à soupe

ail
× 1 gousse

prêt en 10 minutes

sans cuisson

pour 6 personnes

- Faire dorer les pignons 3 minutes dans une poêle sur feu vif.
- Écraser la moitié des pignons avec la gousse d'ail, les feuilles de basilic et l'huile d'olive pour obtenir une pommade.
- Couper les courgettes en très fines rondelles, mélanger avec la sauce et assaisonner.
- Servir avec la brousse coupée en morceaux.

QUINOA, FIGUES & CHÈVRE

quinoa
250 g

figues
× 6

fromage de chèvre frais
100 g

herbes fraîches au choix
× 1 bouquet

vinaigre balsamique
2 cuillerées à soupe

huile d'olive
4 cuillerées à soupe

prêt en 10 minutes

10 minutes de cuisson
15 minutes de repos

pour 6 personnes

- Mettre le quinoa dans une grande quantité d'eau froide, porter à ébullition et laisser cuire 10 minutes. Égoutter et laisser refroidir.
- Couper les figues en quatre, émietter le fromage de chèvre, ciseler les herbes.
- Mélanger avec le quinoa, l'huile d'olive, le vinaigre balsamique, du sel et du poivre moulu. Servir frais.

POIRES & ROQUEFORT

prêt en 10 minutes

sans cuisson

pour 4 personnes

endives
× 5

trévise
× 1

poires
× 2

roquefort
200 g

huile de noix
4 cuillerées à soupe

vinaigre balsamique
3 cuillerées à soupe

- Retirer la base des endives et de la trévise. Supprimer les feuilles abîmées. Émincer les endives dans la longueur. Couper la trévise en deux puis émincer. Nettoyer les poires, retirer le centre et les couper en lamelles dans la longueur.
- Mélanger l'huile et le vinaigre, saler et poivrer. Émietter le roquefort. Mélanger tous les ingrédients délicatement. Goûter, rectifier l'assaisonnement si besoin.
- Pour plus de gourmandise, ajouter des noix ou des cranberries.

CHOUX DE BRUXELLES & TOMME

choux de Bruxelles
300 g

noisettes
20 g

tomme de brebis
70 g

huile d'olive
4 cuillerées à soupe

cerfeuil
× 6 brins

prêt en 15 minutes

sans cuisson

pour 4 personnes

- Enlever les premières feuilles abîmées des choux et les émincer finement.
- Effeuiller le cerfeuil, concasser les noisettes, râper le fromage.
- Arroser les choux émincés d'huile d'olive. Ajouter 2 pincées de sel et de poivre, mélanger.
- Servir avec les noisettes, parsemé de cerfeuil et de fromage.

PRADEL

LINGUINE, AUBERGINE & TRÉVISE

linguine
250 g

aubergines
× 2

trévise
× 1

pignons de pin
50 g

huile d'olive
4 cuillerées à soupe

vinaigre balsamique
2 cuillerées à soupe

prêt en 15 minutes

30 minutes de cuisson

pour 4 personnes

- Préchauffer le four à 180 °C. Couper des tranches d'aubergine de 1 cm. Trancher la trévise tous les 2 cm.
- Les étaler sur une plaque, arroser de la moitié de l'huile d'olive et du vinaigre. Enfourner 10 minutes, enlever la trévise, remettre 20 minutes.
- Cuire les linguine *al dente*, les rincer. Faire dorer les pignons dans une poêle.
- Mélanger les linguine, l'aubergine, la trévise et les pignons. Arroser du reste d'huile, saler, poivrer.

LENTILLES & EDAMAME

lentilles beluga ou vertes
250 g

amandes
50 g

edamame surgelés
600 g

cerfeuil
× 1 bouquet

huile d'olive
4 cuillerées à soupe

sauce soja
2 cuillerées à soupe

prêt en 15 minutes

15 minutes de cuisson

pour 6 personnes

- Mettre les lentilles dans une casserole d'eau froide et laisser cuire 15 minutes à partir de l'ébullition. Égoutter, rincer et laisser refroidir.
- Plonger les edamame dans une grande quantité d'eau bouillante salée pendant 2 minutes, égoutter, plonger dans de l'eau glacée puis les écosser.
- Ciseler le cerfeuil, hacher les amandes. Mélanger lentilles, edamame, cerfeuil et amandes.
- Saler, poivrer, arroser d'huile d'olive et de sauce soja, mélanger.

LENTILLES, COURGETTE & TOFU

prêt en 20 minutes

15 minutes de cuisson

pour 4 personnes

lentilles corail
250 g

courgette
× 1 grosse

tofu fumé
200 g

huile de sésame
3 cuillerées à soupe

gingembre
30 g

curry
1 cuillerée à soupe

- Plonger les lentilles dans de l'eau bouillante, laisser cuire 15 minutes. Égoutter et rincer à l'eau froide.
- Couper le tofu en dés, les faire dorer dans une poêle pendant 5 minutes avec 1 cuillerée d'huile de sésame. Râper la courgette et le gingembre.
- Mélanger le reste d'huile de sésame avec le gingembre, le curry, 2 pincées de sel et de poivre. Arroser les lentilles, le tofu et la courgette de sauce avant de servir.

TABOULÉ LIBANAIS

prêt en 10 minutes

sans cuisson
20 minutes de repos

pour 4 personnes

semoule fine
100 g

persil plat
× 2 bouquets

oignon
× 1

tomates
× 2 bien mûres

huile d'olive
6 cl

citron bio
× 1 gros

- Laver le persil. Ciseler l'oignon et couper les tomates en cubes.
- Les verser dans un saladier avec le jus de la tomate. Ajouter la semoule, le jus du citron et l'huile d'olive. Mélanger et réserver au frais quelques minutes.
- Mixer grossièrement le persil au hachoir, ajouter à la semoule. Saler, poivrer, mélanger.
- Réserver 5 minutes au frais.

CEVICHE

dos de cabillaud
400 g

oignon rouge
× ½

avocat
× 1 bien mûr

tomate
× 1

citron vert bio
× 1

coriandre
× ½ bouquet

prêt en 10 minutes

sans cuisson

pour 4 personnes

- Ciseler l'oignon, couper la tomate, le cabillaud et l'avocat en dés réguliers.
- Ajouter la coriandre hachée, le zeste et le jus du citron vert, de la fleur de sel et du poivre. Servir immédiatement.
- Ajouter un peu de coriandre pour encore plus de fraîcheur.

SEMOULE, SAUMON & CONCOMBRE

semoule fine
250 g

concombre
× 1

aneth
× 1 bouquet

feta
150 g

saumon fumé
× 8 tranches

citron bio
× 1 gros

prêt en 10 minutes

1 minute de cuisson

pour 4 personnes

- Mettre la semoule dans un plat creux, saler, poivrer. Couvrir d'eau bouillante (25 à 30 cl) et cuire 1 minute au micro-ondes (600 W). Réserver.
- Nettoyer le concombre, le couper en dés. Hacher l'aneth.
- Presser le citron dans la semoule, égrener à la main. Ajouter l'aneth, le concombre et la feta émiettée.
- Goûter, rectifier l'assaisonnement si nécessaire. Servir avec le saumon.

VERMICELLES AUX CREVETTES

prêt en 10 minutes

7 minutes de cuisson

pour 2 personnes

queues de crevette
250 g, décongelées

vermicelles de soja
100 g

concombre
× ½

sauce chili
5 cuillerées à soupe

citron vert bio
× ½

menthe
× ½ bouquet

- Porter une casserole d'eau salée à ébullition. Cuire les crevettes 2 minutes. Les sortir à l'écumoire. Égoutter en gardant l'eau.
- Refaire bouillir l'eau. Ajouter les vermicelles. Éteindre, laisser reposer 4 minutes puis égoutter.
- Nettoyer le concombre, couper en lamelles à l'aide d'un économe. Presser le citron vert. Mélanger tous les ingrédients sauf la menthe.
- Goûter, rectifier l'assaisonnement si besoin. Servir avec la menthe.

SOBA SAUCE CACAHUÈTE

soba
300 g

chou rouge
× ½ petit

mesclun
200 g

beurre de cacahuète
100 g

sauce soja sucrée
4 cuillerées à soupe

citron bio
× 1

prêt en 10 minutes

5 minutes de cuisson

pour 4 personnes

- Émincer le chou finement.
- Cuire les sobas selon les instructions du paquet, réserver 10 cl d'eau de cuisson. Rincer à l'eau froide, égoutter.
- Mélanger le beurre de cacahuète, la sauce soja et le jus du citron. Délayer la sauce avec l'eau de cuisson réservée.
- Mélanger les soba et les crudités, napper de sauce. Mélanger, goûter et rectifier l'assaisonnement si besoin. Servir immédiatement car les sobas ne se conservent pas.

CONCOMBRE & HADDOCK

prêt en 10 minutes

sans cuisson

pour 4 personnes

concombres
× 2

haddock fumé
× 8 tranches

moutarde à l'ancienne
1 cuillerée à soupe

sirop d'érable
1 cuillerée à soupe

huile d'olive
3 cuillerées à soupe

citron bio
× 1 petit

- Mélanger la moutarde, le sirop d'érable, le jus du citron et l'huile. Saler et poivrer.
- Laver les concombres et retirer la peau si vous le souhaitez. Réaliser des longs spaghettis à l'aide d'un rasoir à julienne ou d'un spiralizer.
- Répartir le haddock et les spaghettis dans chaque assiette. Napper de sauce. Goûter, rectifier l'assaisonnement si besoin.
- Pour un plat plus copieux, ajouter de l'aneth et accompagner de pain de seigle.

PETITS POIS & MENTHE

prêt en 5 minutes

10 minutes de cuisson

pour 4 personnes

petits pois surgelés
600 g

oignon
× 1 gros

cube de bouillon au choix
× 1

mozzarella de bufflonne
125 g

menthe
× 3 à 4 brins

- Éplucher et émincer l'oignon. Le mettre dans une casserole avec les petits pois. Ajouter le cube de bouillon et 75 cl d'eau. Cuire à petits bouillons pendant 10 minutes.
- Vérifier la cuisson des petits pois. Ajouter la menthe hors du feu et mixer. Goûter et rectifier l'assaisonnement si besoin.
- Couper la mozzarella en quatre. Répartir dans des bols et verser la soupe bien chaude dessus.

PETITS POIS & CÉLERI-RAVE

prêt en 15 minutes

20 minutes de cuisson

pour 4 personnes

petits pois surgelés
450 g

céleri-rave
400 g

menthe
× 10 feuilles

feta
60 g

bouillon de légumes
1 litre

huile d'olive
un filet

- Éplucher le céleri-rave puis le couper en dés. Émietter le feta. Rincer et ciseler la menthe.
- Dans une grande casserole, porter à ébullition le bouillon avec les dés de céleri-rave puis laisser frémir 20 minutes. Cinq minutes avant la fin de la cuisson, ajouter les petits pois.
- Retirer 50 g de petits pois et mixer le reste avec 25 cl de bouillon puis ajuster selon la consistance souhaitée. Saler et poivrer. Verser dans des bols et ajouter la feta, les petits pois restants, la menthe ciselée et un filet d'huile d'olive.

ÉPINARDS & KIRI®

épinards
400 g

Kiri®
× 8 portions

quinoa
150 g

bouillon de poule
1 litre

amandes effilées
4 cuillerées à soupe

prêt en 5 minutes

15 minutes de cuisson

pour 4 personnes

- Préchauffer le four à 180 °C. Mettre les amandes sur une plaque recouverte de papier cuisson et enfourner 5 minutes. Faire cuire le quinoa en suivant les instructions sur le paquet. Égoutter.
- Dans une grande casserole, porter le bouillon à ébullition avec les épinards pendant 5 minutes. Mixer avec un peu plus de la moitié du bouillon et les Kiri®. Saler et poivrer.
- Verser dans des bols et répartir le quinoa et les amandes grillées.

BROCOLI & GINGEMBRE

brocoli
× 1

gingembre
5 cm

bouillon de poule
1,2 litre

radis noir
40 g

coriandre
× 3 brins

prêt en 10 minutes

15 minutes de cuisson

pour 4 personnes

- Éplucher le radis noir et le couper en très fines rondelles. Détacher les fleurettes de brocoli. Éplucher et râper le gingembre pour obtenir l'équivalent de 1 cuillerée à soupe.
- Dans une grande casserole, faire frémir le bouillon. Verser le brocoli et le gingembre et laisser frémir 10 minutes à feu doux.
- Mixer le brocoli avec la moitié du bouillon et ajuster selon la consistance souhaitée. Saler, poivrer. Verser dans des bols et ajouter les tranches de radis et la coriandre grossièrement coupée.

ARTICHAUTS & ROQUETTE

prêt en 10 minutes

10 minutes de cuisson

pour 4 personnes

fonds d'artichaut surgelés
600 g

roquette
× 1 poignée

bouillon de poule
1 litre

citron bio
× ½

persil
× 3 brins

ail
× ½ gousse

- Faire décongeler les fonds d'artichaut puis les couper en morceaux. Hacher grossièrement le persil. Presser l'ail. Prélever le zeste du demi-citron.
- Dans une grande casserole, faire bouillir le bouillon puis ajouter les artichauts et la roquette et laisser cuire 5 à 7 minutes.
- Mixer le tout avec une partie du bouillon et ajuster selon la consistance souhaitée.
- Saler, poivrer puis parsemer le zeste de citron, l'ail et le persil.

SOUPE MISO

prêt en 15 minutes

15 minutes de cuisson

pour 4 personnes

miso en cube
60 g

champignons de Paris
250 g

tofu
160 g

nouilles de blé
150 g

ail
× 2 gousses

graines de sésame
2 cuillerées à soupe

- Faire dorer les graines de sésame 3 à 4 minutes dans une poêle à sec à feu moyen. Éplucher et couper les gousses d'ail en deux. Rincer les champignons, enlever les pieds puis les couper en quatre. Couper le tofu en morceaux.

- Dans une casserole, porter à ébullition 1 litre d'eau avec le miso et l'ail (rajouter du miso pour un goût plus fort).

- Ajouter les nouilles, les champignons et le tofu, et laisser frémir pendant 10 minutes environ. Saler, poivrer et parsemer les graines de sésame grillées.

BOUILLON D'AUTOMNE

haricots blancs en conserve
240 g

choux de Bruxelles
300 g

bouillon de poule
1 litre

oignon
× 1 gros

huile d'olive
2 filets

persil
× 4 brins

prêt en 15 minutes

25 minutes de cuisson

pour 4 personnes

- Éplucher et émincer l'oignon. Le faire rissoler 10 minutes dans une poêle avec un filet d'huile d'olive à feu moyen, en remuant souvent. Mettre de côté.
- Dans la même poêle, faire dorer les choux de Bruxelles avec un filet d'huile d'olive. Saler et poivrer.
- Porter le bouillon à ébullition dans une grande casserole. Ajouter les choux, les haricots blancs égouttés et laisser cuire 5 minutes. Saler et poivrer.
- Verser la soupe dans des bols, répartir l'oignon frit et le persil haché.

CHOU CHINOIS & CITRON

prêt en 10 minutes

10 minutes de cuisson

pour 4 personnes

ail
× 1 gousse

chou chinois
× ½

citron bio
× ½

bouillon de poule
1,2 litre

ciboulette
× ½ botte

- Enlever les premières feuilles du chou puis hacher le reste en gros morceaux (3 × 4 cm environ). Émincer finement l'ail et ciseler finement la ciboulette. Couper 5 fines tranches de citron.

- Dans une grande casserole, porter le bouillon à ébullition puis verser le chou chinois, l'ail et les tranches de citron. Laisser cuire 5 à 7 minutes à feu doux.

- Ajouter la ciboulette, saler et poivrer.

CAROTTE, COCO & GINGEMBRE

purée de carottes surgelée
1 kg

oignon
× 1 gros

lait de coco
70 cl

gingembre
80 g

coriandre
× ½ bouquet

curcuma en poudre
1 cuillerée à soupe

prêt en 10 minutes

10 minutes de cuisson

pour 4 personnes

- Émincer l'oignon, râper le gingembre.
- Mettre tous les ingrédients sauf la coriandre et le curcuma dans une casserole. Assaisonner, porter à ébullition et cuire 10 minutes.
- Mixer avec le curcuma. Goûter, rectifier l'assaisonnement si besoin.
- Servir avec la coriandre effeuillée. Pour une soupe moins épaisse, ajouter 15 cl d'eau.

GASPACHO JAUNE

tomates jaunes ananas
800 g bien mûres

ananas
× ½

huile d'olive
2 cuillerées à soupe

prêt en 10 minutes

sans cuisson

pour 4 personnes

- Nettoyer les tomates, retirer la peau qui doit se décoller facilement. Les couper en morceaux réguliers ainsi que l'ananas.
- Mixer au blender avec l'huile d'olive. Assaisonner à la fleur de sel.
- Pour une version chic et relevée, ajouter une pointe de safran.

GASPACHO BLANC

prêt en 10 minutes

sans cuisson

pour 4 personnes

amandes émondées
200 g

pain de mie
100 g

raisin blanc Italia
150 g

ail
× 2 gousses

huile d'olive
15 cl

vinaigre de xérès
3 cuillerées à soupe

- Peler les raisins. Retirer la croûte du pain de mie et le germe de l'ail.
- Réserver quelques amandes et mettre tous les ingrédients restants dans un blender. Ajouter 40 cl d'eau, assaisonner et mixer jusqu'à obtenir une texture bien lisse.
- Goûter, rectifier l'assaisonnement si besoin et servir avec les amandes restantes.

GASPACHO VERT

concombres
× 2

avocats
× 2 bien mûrs

oignon
× 1

coriandre
× 1 petit bouquet

citron vert bio
× 1 à 2

poivron vert
× 1

prêt en 10 minutes

sans cuisson

pour 4 personnes

- Laver et effeuiller la coriandre. Peler les concombres, retirer les graines avec une cuillère. Couper grossièrement le concombre, l'oignon, le poivron.
- Réserver un peu de coriandre pour le service. Mettre tous les ingrédients dans un blender. Ajouter le jus de citron vert. Assaisonner, mixer.
- Goûter, rectifier l'assaisonnement si besoin.
- Pour une version plus relevée, ajouter un peu de piment vert.

SOUPE VERTE AUX RADIS

bouillon de légumes
60 cl

persil
× ½ gros bouquet

avocats
× 2

roquette
× 1 grosse poignée

citron bio
× 1

radis roses
× 4

prêt en 20 minutes

5 minutes de cuisson

pour 4 personnes

- Presser le citron. Rincer la roquette et le persil. Couper les avocats en deux puis enlever la peau et le noyau et couper la chair en morceaux. Rincer les radis et les couper en fines rondelles.
- Porter le bouillon à ébullition. Dans un blender, mixer les avocats, 3 cuillerées à soupe de jus de citron, le persil, la roquette (sauf quelques feuilles) et 50 cl de bouillon. Saler, poivrer puis ajouter le reste de bouillon si besoin.
- Verser dans des bols et ajouter des rondelles de radis et quelques feuilles de roquette.

SOUPE AU PESTO

basilic
× 1 gros bouquet

parmesan
50 g

pignons de pin
50 g

huile d'olive
12 cl

ail
× 1 petite gousse

bouillon de légumes
60 cl

prêt en 25 minutes

5 minutes de cuisson

pour 4 personnes

- Griller les pignons 4 minutes dans une poêle. Râper le parmesan. Éplucher et ciseler l'ail. Rincer et couper grossièrement le basilic.
- Mixer le basilic (sauf quelques feuilles), l'huile d'olive, l'ail, les pignons (sauf quelques-uns) et 40 g de parmesan finement râpé. Saler et poivrer. Porter le bouillon à ébullition et verser sur le pesto. Ajouter du bouillon si le goût est trop prononcé.
- Verser dans des bols. Parsemer les pignons, le parmesan et le basilic restants.

COURGETTES & PISTOU

prêt en 15 minutes

20 minutes de cuisson

pour 4 personnes

courgettes
1 kg

bouillon de légumes
1 litre

pistou
4 cuillerées à soupe

crème fraîche épaisse
6 cl

cerfeuil
× 4 brins

- Rincer et couper les courgettes en rondelles. Dans une grande casserole, porter le bouillon à ébullition avec les courgettes puis laisser frémir 15 minutes à feu doux jusqu'à ce que les légumes soient fondants.
- Mixer les rondelles de courgette avec une petite louche de bouillon (environ 20 cl) puis ajuster selon la consistance souhaitée. Saler, poivrer, ajouter la crème et remuer.
- Verser dans des bols, ajouter 1 cuillerée à soupe de pistou dans chacun et parsemer le cerfeuil.

VELOUTÉ DE MARRONS

prêt en 10 minutes

15 minutes de cuisson

pour 4 personnes

marrons en bocal
400 g

oignon
× 1 gros

bouillon de volaille
ou de légumes
× 1 cube

lait
70 cl

champignons de Paris
400 g

ciboulette
× 1 botte

- Émincer les champignons nettoyés ainsi que l'oignon.
- Mettre tous les ingrédients dans une casserole sauf la ciboulette. Ajouter 50 cl d'eau. Porter à ébullition et cuire 10 minutes.
- Mixer, goûter et rectifier l'assaisonnement si besoin.
- Servir avec la ciboulette ciselée.

CHORIZO & POIS GOURMANDS

prêt en 10 minutes

10 minutes de cuisson

pour 4 personnes

haricots blancs en conserve
240 g

pois gourmands
100 g

poivron rouge
× 1

chorizo
50 g

maïs en conserve
200 g

bouillon de poule
1 litre

- Rincer et couper le poivron en fines lanières. Couper le chorizo en rondelles puis en petits dés. Rincer les haricots blancs et le maïs, égoutter.

- Dans une grande casserole, porter le bouillon à ébullition avec les dés de poivron et les morceaux de chorizo. Ajouter les pois gourmands, le maïs et les haricots blancs. Laisser frémir pendant 5 minutes ; saler et poivrer.

CHOU VERT & LARDONS FUMÉS

prêt en 10 minutes

20 minutes de cuisson

pour 4 personnes

chou vert
600 g

lardons fumés
150 g

oignon
× 1 petit

bouillon de légumes
1 litre

crème fraîche épaisse
4 cl

moutarde de Dijon
1 cuillerée à café

- Dans une poêle, faire revenir les lardons 10 minutes jusqu'à ce qu'ils soient croustillants.
- Éplucher l'oignon et le couper en petits dés. Enlever les premières feuilles du chou puis couper grossièrement le reste en morceaux.
- Dans une grande casserole, faire frémir le bouillon puis ajouter le chou, l'oignon et la moutarde. Laisser cuire 15 minutes à feu doux. Ajouter les lardons, saler et poivrer.
- Verser dans des bols et ajouter un peu de crème fraîche, si l'on aime.

NOUILLES, PETITS POIS & ŒUFS

miso en cube
60 g

nouilles de blé
120 g

petits pois surgelés
100 g

brocoli
× 1

œufs
× 2

piment rouge
× 1

prêt en 10 minutes

15 minutes de cuisson

pour 4 personnes

- Rincer et détacher les bouquets de brocoli. Ciseler finement le piment.
- Faire cuire les œufs dans de l'eau frémissante pendant 6 minutes, les rincer sous l'eau froide puis les écaler et les couper en deux.
- Dans une grande casserole, porter à ébullition 1,2 litre d'eau et le miso puis ajouter les nouilles et laisser frémir 5 minutes. Ajouter le brocoli, le piment et les petits pois et laisser cuire encore 5 minutes. Saler et poivrer. Verser dans des bols avec les œufs.

TOMATE, PÂTES & CRABE

chair de crabe
100 g

risonis
120 g

fumet de crustacés
1 litre

tomates cerises
200 g

maïs en conserve
140 g

aneth
× 3 brins

prêt en 15 minutes

20 minutes de cuisson

pour 4 personnes

- Rincer les tomates cerises. Égoutter les grains de maïs.
- Dans une grande casserole, porter le bouillon à ébullition. Ajouter les pâtes et les tomates cerises et faire frémir pendant 12 minutes ; retirer la peau des tomates.
- Ajouter le crabe en morceaux et les grains de maïs et laisser cuire encore 5 minutes. Saler, poivrer et verser dans des bols avec les brins d'aneth ciselés.

CHÈVRE, FIGUE & JAMBON

prêt en 5 minutes

10 minutes de cuisson

pour 4 personnes

pain de campagne
× 4 grandes tranches

bûche de chèvre cendré
× 1

figues
× 4 à 6

jambon de Parme
× 4 tranches

miel
2 cuillerées à café

roquette
60 g

- Préchauffer le four à 220 °C. Laver les figues, les couper en rondelles. Couper la bûche en rondelles.
- Alterner sur le pain les rondelles de fromage et de figue. Assaisonner légèrement, napper d'un filet de miel. Enfourner 8 à 10 minutes.
- Intercaler le jambon sur le chèvre chaud.
- Servir avec la roquette, un trait d'huile et de vinaigre balsamique si on le souhaite.

REBLOCHON, GRISONS & FRISÉE

pain de campagne
× 4 grandes tranches

reblochon
× 1

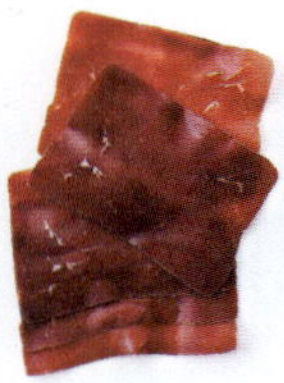

viande des Grisons
× 8 tranches fines

frisée
80 g

vinaigre de vin
1 cuillerée à soupe

huile d'olive
1 cuillerée à soupe

prêt en 5 minutes

5 minutes de cuisson

pour 4 personnes

- Préchauffer le four à 220 °C.
- Mélanger l'huile et le vinaigre, assaisonner et réserver. Couper le reblochon en tranches, retirer la croûte. Couper la viande des Grisons en carrés.
- Recouvrir les tranches de pain de reblochon. Enfourner 4 à 5 minutes.
- Répartir la viande des Grisons sur les tartines chaudes. Servir avec la frisée mélangée à la vinaigrette.

BEIGNETS DE MAÏS

prêt en 10 minutes

20 minutes de cuisson

pour 4 personnes

maïs en conserve
300 g

échalote
× 1

œufs
× 2

farine
45 g

persil
× 4 brins

huile de cuisson
20 cl

- Hacher l'échalote et ciseler le persil. Mélanger le maïs égoutté avec les jaunes d'œufs, la farine, l'échalote et le persil puis saler et poivrer.
- Monter les blancs en neige. Les ajouter délicatement à la préparation.
- Faire chauffer l'huile dans une poêle. Prélever de la pâte avec une cuillère à soupe et déposer dans l'huile chaude. Laisser cuire 3 minutes, retourner puis cuire encore 1 minute.
- Égoutter sur du papier absorbant.

CROQUETTES DE THON

prêt en 10 minutes

8 minutes de cuisson

pour 4 personnes

thon à l'huile
380 g

biscottes
× 2

œuf
× 1

yaourts grecs
× 2

aneth
× 12 brins

huile d'olive
4 cuillerées à soupe

- Égoutter et émietter le thon. Émietter les biscottes. Ciseler la moitié de l'aneth. Mélanger avec 2 cuillerées à soupe de yaourt et l'œuf, puis saler et poivrer.
- Former des boulettes et les aplatir.
- Verser 2 cuillerées à soupe d'huile dans une poêle bien chaude. Faire cuire les boulettes environ 8 minutes en les retournant à mi-cuisson.
- Mélanger le reste de yaourt et d'aneth avec 2 cuillerées à soupe d'huile, du sel et du poivre. Servir avec les croquettes.

AVOCADO TOASTS AU SAUMON

pain muti-céréales
× 8 tranches

saumon fumé
× 8 tranches

graines germées
75 g

avocats mûrs
× 3 gros

citron vert bio
× 1

concombre
× ½

prêt en 5 minutes

5 minutes de cuisson

pour 4 personnes

- Préchauffer le gril du four. Prélever la chair des avocats. L'écraser à la fourchette avec le jus du citron vert. Assaisonner.
- Couper le concombre en fines lamelles à l'aide d'un économe.
- Disposer les tranches de pain sur une plaque et enfourner 5 minutes en surveillant.
- Répartir l'avocat sur les tartines. Ajouter le concombre puis 1 tranche de saumon fumé. Parsemer de graines germées.

TARTINES DE MAGRET SÉCHÉ

magret séché tranché
100 g

pain de campagne
× 12 tranches

fromage de chèvre frais
150 g

gelée de piment
d'Espelette
1 pot

prêt en 5 minutes

sans cuisson

pour 4 personnes

- Tartiner les tranches de pain avec le fromage de chèvre.
- Servir avec des tranches de magret séché, quelques gouttes de gelée de piment d'Espelette, du sel et du poivre.

PITA AU THON

pains pita
× 4

concombre
× 1 petit

tomates
× 2 à 3

citron confit
× 1 moyen

thon à l'huile
220 g

harissa fraîche
1 cuillerée à soupe

prêt en 10 minutes

5 minutes de cuisson

pour 4 personnes

- Peler le concombre, retirer les graines à la cuillère. Couper le concombre et le citron confit en dés. Détailler les tomates en rondelles.
- Mélanger le concombre et le citron, ajouter la harissa et le thon avec son huile. Mélanger, rectifier en assaisonnement. Ajouter les rondelles de tomate dans la salade.
- Chauffer les pitas au grille-pain ou au four 5 minutes à 180 °C.
- Les ouvrir en deux et les garnir généreusement de salade de thon.

FLAMMEKUECHE

pâte à pizza
× 1 rectangulaire

crème fraîche épaisse
2 à 3 cuillerées à soupe

lardons allumettes
150 g

oignon
× 1

prêt en 5 minutes

10 minutes de cuisson

pour 2 à 4 personnes

- Préchauffer le four à 265 °C en position pizza (chaleur en bas).
- Émincer l'oignon finement. Dérouler la pâte à pizza et passer un coup de rouleau pour l'aplatir.
- Déposer sur une plaque et étaler la crème fraîche à la cuillère. Répartir l'oignon et les lardons. Poivrer.
- Enfourner 10 minutes en tournant la plaque à mi-cuisson.

BURGER TERIYAKI

prêt en 10 minutes

5 minutes de cuisson

pour 4 personnes

buns
× 4

steaks hachés
× 4 de 150 g

sauce teriyaki
12 cl

chou blanc
× ½ petit

aïoli
5 cuillerées à soupe

huile neutre
2 cuillerées à soupe

- Émincer le chou finement à la mandoline puis le mélanger à l'aïoli.
- Préchauffer le four à 180 °C. Couper les buns en deux et enfourner 5 minutes.
- Chauffer l'huile dans une poêle, saisir les steaks 1 minute sur chaque face. Verser la sauce teriyaki, augmenter le feu et faire réduire. Cuire les steaks 2 à 3 minutes en les retournant.
- Répartir le chou sur les buns, déposer 1 steak puis remettre du chou. Refermer.

TARTE FINE TOMATE & CHÈVRE

pâte à pizza
× 1 rectangulaire

caviar d'aubergine
250 g

tomates panachées
× 5 à 6

crottin de chèvre sec
× 1

basilic
× 1 bouquet

prêt en 5 minutes

10 minutes de cuisson

pour 4 personnes

- Préchauffer le four à 250 °C en position pizza (chaleur en bas).
- Laver les tomates, les couper en rondelles. Faire des copeaux de chèvre à l'économe.
- Dérouler la pâte à pizza. Piquer à la fourchette et enfourner environ 8 minutes. Le dessous doit être doré.
- Étaler le caviar d'aubergine dessus. Recouvrir de tomates et de copeaux de chèvre. Parsemer de feuilles de basilic déchirées à la main.

TARTE PARME & FIGUES

pâte brisée
× 1

jambon de Parme
× 4 tranches

mascarpone
250 g

basilic
× 20 feuilles

figues
× 4

huile d'olive
2 cuillerées à soupe

prêt en 10 minutes

20 minutes de cuisson

pour 4 personnes

- Préchauffer le four à 180 °C. Dérouler la pâte dans un moule rectangulaire (34 × 10 cm) et replier les bords pour l'adapter au moule. Garnir de papier cuisson et de légumes secs puis enfourner 20 minutes. Démouler une fois refroidi.
- Mélanger le mascarpone, l'huile d'olive, 12 feuilles de basilic hachées, du sel et du poivre.
- Étaler le mélange sur le fond de tarte. Ajouter les figues et des morceaux de jambon.
- Servir avec le reste de basilic.

TARTE RUSTIQUE AUX ASPERGES

pâte feuilletée rectangulaire
× 1

asperges vertes
750 g

moutarde
1 cuillerée à soupe

huile d'olive
2 cuillerées à soupe

œuf
× 1

prêt en 10 minutes

20 minutes de cuisson

pour 6 personnes

- Préchauffer le four à 180 °C. Dérouler la pâte sur une plaque recouverte de papier cuisson.
- Couper les asperges dans la longueur, en deux ou en quatre si elles sont grosses. Les ranger sur la pâte en laissant un bord de 2 cm environ. Mélanger la moutarde, l'œuf et l'huile d'olive, badigeonner les asperges.
- Replier les bords de la pâte vers l'intérieur et souder en appuyant avec une fourchette.
- Saler, poivrer et enfourner 20 minutes. Servir chaud.

OPINEL
INOX

TARTE TOFU FUMÉ & ÉPINARD

pâte brisée
× 1

tofu fumé
100 g

pignons de pin
50 g

basilic
× 1 petit bouquet

huile d'olive
4 cuillerées à soupe

épinards
100 g

prêt en 10 minutes

20 minutes de cuisson

pour 6 personnes

- Préchauffer le four à 180 °C. Réserver 1 cuillerée à soupe de pignons.
- Mixer le tofu avec la moitié du basilic, les pignons, 2 cuillerées à soupe d'huile d'olive, du sel et du poivre.
- Dérouler la pâte sur une plaque recouverte de papier cuisson. Étaler la préparation au tofu et couvrir d'épinards.
- Arroser d'huile d'olive, parsemer de pignons réservés et enfourner 20 minutes. Servir avec le reste de basilic.

TARTE AUX OIGNONS

pâte brisée
× 1

oignon rouge
× 1

oignon doux
× 1

crème liquide entière
10 cl

graines de coriandre
1 cuillerée à café

maquereau fumé sous-vide
100 g

prêt en 10 minutes

25 minutes de cuisson

pour 6 personnes

- Préchauffer le four à 180 °C. Émincer les oignons. Retirer la peau du maquereau et l'émietter.
- Étaler la pâte sur une plaque recouverte de papier cuisson. La recouvrir d'oignons et de maquereau. Saler, poivrer, arroser de crème et parsemer de graines de coriandre écrasées.
- Rouler les bords de la pâte sur 1 cm.
- Enfourner 25 minutes. Servir chaud ou tiède.

PIZZA JAMBON & MOZZA

pâte à pizza
× 1

sauce tomate au basilic
120 g

mozzarella
× 2 boules

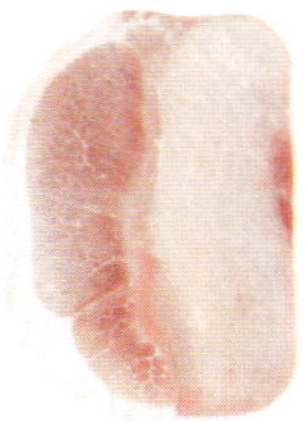

chiffonnade de jambon
100 g

roquette
2 poignées

huile d'olive
1 cuillerée à soupe

prêt en 10 minutes

15 minutes de cuisson

pour 4 personnes

- Préchauffer le four à 220 °C.
- Étaler la pâte sur une plaque couverte de papier cuisson, répartir la sauce tomate et 1 boule de mozzarella coupée en morceaux.
- Enfourner 15 minutes.
- Servir avec la seconde mozzarella coupée en quatre, le jambon, la roquette, l'huile d'olive, du sel et du poivre.

PIZZA SPECK & ROQUETTE

prêt en 5 minutes

8 minutes de cuisson

pour 4 personnes

pâte à pizza
× 1 fine ronde

sauce à pizza au choix
100 g

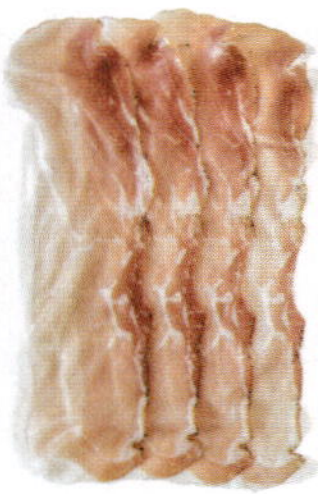

speck
× 4 tranches fines

roquette
50 g

huile d'olive
2 cuillerées à soupe

parmesan
20 g

- Préchauffer le four à 265 °C en position pizza (chaleur en bas).
- Dérouler la pâte à pizza et étaler la sauce tomate. Enfourner 8 minutes environ. Vérifier la cuisson en soulevant la pâte.
- Ajouter le speck, la roquette et le parmesan coupé en copeaux. Poivrer, ajouter un filet d'huile d'olive.
- Pour une pizza plus gourmande, ajouter des tomates cerises et du vinaigre balsamique.

PIZZA BLANCHE ARTICHAUT

pâte à pizza
× 1 rectangulaire

artichauts à l'huile
× 1 pot de 300 g

ail
× 1 gousse

champignons de Paris
× 3

persil plat
× 4 brins

parmesan
40 g

prêt en 5 minutes

10 minutes de cuisson

pour 4 personnes

- Préchauffer le four à 250 °C en position pizza (chaleur en bas).
- Réserver quelques artichauts. Mixer le reste avec leur huile et l'ail. Laver les champignons.
- Dérouler la pâte à pizza. Piquer à la fourchette et enfourner environ 8 minutes. Le dessous doit être doré.
- Étaler la crème d'artichaut sur la pizza. Émincer finement les champignons. Répartir sur la pizza avec les artichauts réservés. Parsemer de persil et de parmesan.

SALTIMBOCCA

prêt en 10 minutes

10 minutes de cuisson

pour 4 personnes

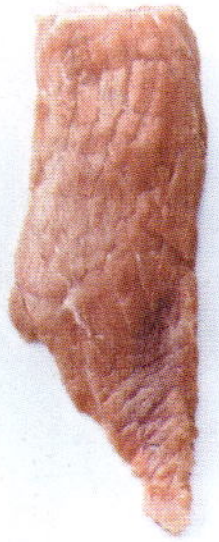

escalopes de veau
× 2 de 120 g

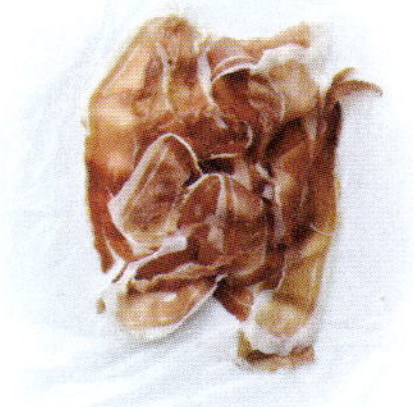

jambon de Parme
× 4 tranches fines

sauge
× 4 feuilles

vin blanc
8 cl

huile d'olive
2 cuillerées à soupe

beurre
50 g

- Avec un rouleau, taper les escalopes entre 2 feuilles de papier cuisson pour bien les aplatir. Les couper en quatre.
- Avec un cure-dent, fixer 1 tranche de jambon et 1 feuille de sauge par escalope.
- Faire dorer les escalopes dans l'huile chaude. Retirer, dégraisser, verser le vin et réduire 2 minutes sur feu vif.
- Ajouter le beurre coupé en dés en remuant la poêle. Remettre les escalopes 30 secondes pour les réchauffer.

ESCALOPE À LA NORMANDE

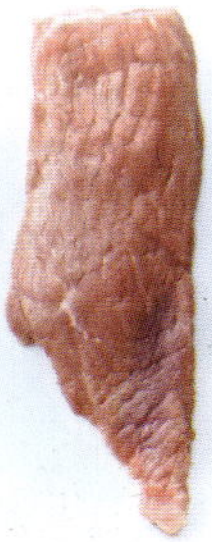

escalopes de veau
× 4 de 100 g

champignons de Paris
250 g

crème fraîche épaisse
25 cl

tagliatelles
200 g

vin blanc
10 cl

huile végétale
2 cuillerées à soupe

prêt en 10 minutes

10 minutes de cuisson

pour 4 personnes

- Nettoyer et émincer les champignons. Assaisonner les escalopes et les faire dorer dans l'huile chaude. Retirer.
- Ajouter les champignons et le vin. Faire réduire 1 minute sur feu vif. Ajouter la crème, assaisonner et faire réduire 5 minutes.
- Cuire les pâtes en parallèle. Réchauffer les escalopes dans la crème. Égoutter les pâtes et mélanger à la sauce.

OPINEL
INOX

TAGLIATA

bœuf tendre
500 g (tende de tranche)

roquette
300 g

tomates cerises
250 g

vinaigre balsamique
4 cuillerées à soupe

huile d'olive
4 cuillerées à soupe

parmesan
80 g

prêt en 5 minutes

6 minutes de cuisson

pour 4 personnes

- Chauffer la moitié de l'huile dans une poêle. Assaisonner la viande et la faire griller 3 minutes de chaque côté environ.
- Faire une vinaigrette avec le reste d'huile et le vinaigre, saler, poivrer.
- Couper la viande en tranches et les tomates cerises en deux.
- Servir la viande avec la roquette, les tomates, le parmesan en copeaux et napper de vinaigrette.

BŒUF SAUTÉ AUX LÉGUMES

prêt en 10 minutes

5 minutes de cuisson

pour 2 personnes

bœuf tendre
250 g (tende de tranche)

pois gourmands
250 g

champignons de Paris
× 4 gros

ail
× 4 gousses

huile végétale
4 cuillerées à soupe

sauce soja
3 cuillerées à soupe

- Émincer le bœuf finement, mélanger avec 2 cuillerées à soupe de sauce soja. Nettoyer les légumes, couper les champignons en lamelles. Émincer l'ail.
- Dans un wok, chauffer l'huile. Faire dorer l'ail, ajouter les légumes et le reste de sauce soja. Poivrer très généreusement et laisser cuire 2 minutes en remuant.
- Ajouter la viande. Cuire 30 secondes toujours en remuant.
- On peut accompagner ce plat de riz thaï.

CURRY POULET & MANGUE

prêt en 10 minutes

8 minutes de cuisson

pour 4 personnes

blancs de poulet
500 g

mangue pas trop mûre
× 1 grosse

lait de coco
40 cl

pâte de curry verte thaïe
1 cuillerée à soupe

citron vert bio
× 1

coriandre
× 1 bouquet

- Émincer le poulet. Éplucher la mangue et la couper en morceaux réguliers.
- Délayer la pâte de curry et le lait de coco dans une casserole. Saler et ajouter le poulet. Couvrir, cuire 7 minutes. Ajouter la mangue, mélanger et cuire 1 minute.
- Zester le citron et ajouter un peu de jus. Goûter et rectifier l'assaisonnement si besoin. Ajouter les feuilles de coriandre.
- On peut accompagner le plat de riz, de semoule ou de quinoa.

WOK DE CANARD

prêt en 10 minutes

7 minutes de cuisson

pour 4 personnes

aiguillettes de canard
300 g

champignons de Paris
× 8 gros

haricots cocos plats
250 g

huile neutre
4 cuillerées à soupe

ail
× 5 gousses

sauce soja sucrée
3 cuillerées à soupe

- Nettoyer les légumes. Émincer ou presser l'ail. Couper les champignons en 6 à 8 quartiers et les cocos plats en tronçons biseautés de 2 à 3 cm.
- Chauffer l'huile dans une sauteuse ou un wok. Faire sauter les légumes avec l'ail 2 minutes. Verser la sauce soja, cuire 3 minutes.
- Ajouter le canard et cuire 2 minutes supplémentaires.
- Poivrer, goûter, ajuster l'assaisonnement si nécessaire.

CURRY DE DINDE

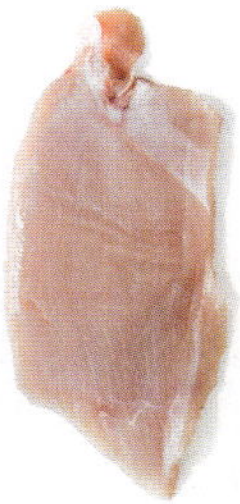

blanc de dinde
500 g

lentilles corail
120 g

épinards
150 g

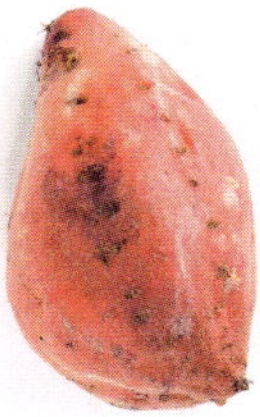

patate douce
400 g

lait de coco
50 cl

curry
2 cuillerées à soupe

prêt en 10 minutes

10 minutes de cuisson

pour 4 personnes

- Éplucher et couper la patate douce en cubes. Détailler la dinde en morceaux réguliers.
- Dans une cocotte, verser le lait de coco. Ajouter 20 cl d'eau, le curry, les lentilles et la patate douce. Cuire 5 minutes à couvert.
- Ajouter la dinde, saler et cuire 5 minutes en remuant de temps en temps.
- Éteindre et ajouter les épinards. Mélanger, goûter et ajuster l'assaisonnement si nécessaire.

STAUB
STAUB

POULET À LA MOUTARDE

blancs de poulet
400 g

crème fraîche épaisse
40 cl

moutarde à l'ancienne
2 grosses cuillerées
à soupe

vin blanc
5 cl

huile d'olive
2 cuillerées à soupe

pousses d'épinard
300 g

prêt en 5 minutes

10 minutes de cuisson

pour 4 personnes

- Couper le poulet en aiguillettes. Assaisonner.
- Faire dorer dans une sauteuse avec l'huile. Déglacer au vin blanc et laisser réduire 1 minute. Ajouter la moutarde et la crème. Faire réduire 7 minutes.
- Hors du feu, ajouter les épinards. Mélanger, goûter et rectifier l'assaisonnement si besoin.
- On peut accompagner le plat de riz.

WOK PORC & GINGEMBRE

filet mignon de porc
350 g

asperges vertes
× 1 botte

carottes
× 2

gingembre
100 g

sauce soja sucrée
3 cuillerées à soupe

huile neutre
3 cuillerées à soupe

prêt en 10 minutes

8 minutes de cuisson

pour 4 personnes

- Émincer la viande, mélanger avec la sauce soja. Nettoyer, éplucher les légumes.
- Retirer la base dure des asperges et couper chacune en 6 tronçons biseautés. Couper les carottes en lamelles fines. Émincer le gingembre en julienne.
- Chauffer l'huile dans un wok. Sur feu vif, saisir 2 minutes les carottes et le gingembre. Ajouter les asperges, assaisonner. Cuire 3 minutes.
- Ajouter la viande en remuant et cuire 1 à 2 minutes.

POULET SAUTÉ AUX LÉGUMES

prêt en 10 minutes

8 minutes de cuisson

pour 4 personnes

blancs de poulet
× 2

brocoli
× 1 petite tête

tomates cerises
250 g

courgette
× 1 grosse

ail
× 5 gousses

huile d'olive
4 cuillerées à soupe

- Nettoyer les légumes. Couper les fleurettes de brocoli en deux ou en quatre. Couper la courgette en deux dans la longueur puis en tranches biseautées. Émincer l'ail. Émincer et assaisonner le poulet.
- Chauffer l'huile dans une sauteuse. Faire dorer l'ail puis ajouter les légumes. Assaisonner, cuire 3 minutes.
- Ajouter le poulet et un fond d'eau. Cuire 4 à 5 minutes en remuant.
- Goûter, ajuster l'assaisonnement si nécessaire.

POULET HASSELBACK

blancs de poulet
× 2 gros

mozzarella
250 g

tomates confites
× 16 pétales

basilic
× ½ bouquet

prêt en 10 minutes

10 minutes de cuisson

pour 4 personnes

- Préchauffer le four à 220 °C. Couper les blancs de poulet en deux dans l'épaisseur de façon à obtenir de fines escalopes.
- Faire des entailles dans la largeur, déposer dans un plat, assaisonner.
- Couper la mozzarella en tranches et les tomates en deux si elles sont grandes. Glisser dans les entailles 1 lamelle de tomate et 1 tranche de mozzarella.
- Badigeonner avec un peu d'huile des tomates. Enfourner 10 minutes. Servir avec le basilic.

FILET MIGNON AU FENOUIL

prêt en 10 minutes

10 minutes de cuisson

pour 4 personnes

filet mignon de porc
400 g

fenouils
× 3

tomates cerises
250 g

mascarpone
100 g

huile d'olive
3 cuillerées à soupe

thym
× 3 brins

- Nettoyer les légumes. Émincer le fenouil. Couper la viande en tranches de 1 cm, assaisonner.
- Chauffer l'huile dans une sauteuse. Saisir la viande 30 secondes sur chaque face. Réserver.
- Ajouter le fenouil, les tomates, le thym et 5 cl d'eau. Assaisonner, cuire 6 minutes à couvert.
- Ajouter le mascarpone et la viande, cuire 2 à 3 minutes en remuant. Ajouter un peu d'eau si besoin. Goûter et ajuster l'assaisonnement si nécessaire.

CHIPOLATAS & LÉGUMES

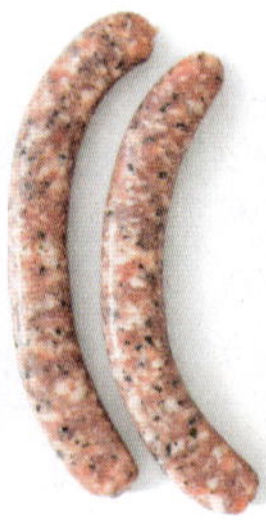

chipolatas
× 8

haricots blancs en conserve
600 g

tomates cerises
250 g

brocoli
× 1

huile d'olive
3 cuillerées à soupe

ail
× 4 gousses

prêt en 10 minutes

10 minutes de cuisson

pour 4 personnes

- Préchauffer le gril du four. Nettoyer les légumes. Couper les fleurettes du brocoli en deux ou en quatre. Presser l'ail. Rincer et égoutter les haricots.
- Cuire les chipolatas 10 minutes sur une plaque.
- Chauffer l'huile dans une sauteuse, dorer l'ail puis ajouter le brocoli, les tomates et 5 cl d'eau. Assaisonner, cuire 5 minutes.
- Verser les haricots. Remuer et cuire 2 à 3 minutes supplémentaires. Servir avec les chipolatas.

CREVETTES & COURGETTES

courgettes
× 5

queues de crevette
400 g, décongelées

tomates cerises
250 g

ail
× 3 gousses

huile d'olive
4 cuillerées à soupe

basilic
× 1 bouquet

prêt en 10 minutes

6 minutes de cuisson

pour 4 personnes

- Rincer les crevettes, égoutter, assaisonner. Laver les légumes. Détailler les courgettes en spaghettis avec un rasoir à julienne ou un spiralizer.
- Chauffer l'huile dans une sauteuse, faire dorer l'ail pressé sur feu vif. Ajouter les tomates, assaisonner et laisser cuire 3 minutes.
- Ajouter les courgettes et les crevettes. Remuer, cuire 2 minutes environ.
- Hors du feu, ajouter les feuilles de basilic.

SAUMON & PURÉE DE POIS

pavés de saumon
× 4 de 150 g

petits pois surgelés
600 g

oignon
× 1

cube de bouillon au choix
× 1

sauce soja sucrée
5 cuillerées à soupe

wasabi en tube
1 cuillerée à café

prêt en 5 minutes

15 minutes de repos
8 minutes de cuisson

pour 4 personnes

- Faire mariner le saumon dans la sauce soja 15 minutes. Préchauffer le gril du four.
- Dans une casserole, mettre l'oignon émincé, le cube de bouillon, les petits pois et 60 cl d'eau. Porter à ébullition, cuire 8 minutes.
- En parallèle, cuire le saumon 5 minutes sur une plaque antiadhésive sous le gril.
- Égoutter les petits pois, garder un peu d'eau de cuisson. Mixer avec le wasabi. Goûter, ajuster l'assaisonnement. Servir avec le saumon.

SAUMON POCHÉ & TZATZIKI

pavé de saumon
× 4 de 150 g

concombre
× 1 gros

yaourts grecs
× 2 pots de 170 g

ail
× 2 gousses

huile d'olive
2 cuillerées à soupe

menthe
× ½ bouquet

prêt en 10 minutes

5 minutes de cuisson

pour 4 personnes

- Immerger le saumon dans une sauteuse remplie d'eau salée. Porter à ébullition, éteindre, laisser le saumon dans l'eau.
- Éplucher le concombre, couper des lanières ou des rondelles fines avec un économe.
- Presser l'ail, mélanger avec le yaourt. Assaisonner, ajouter la menthe hachée et l'huile d'olive. Goûter, rectifier l'assaisonnement si besoin.
- Égoutter le saumon sur du papier absorbant, servir avec le tzatziki.

CABILLAUD, CHORIZO & COURGETTES

pavés de cabillaud
× 4 de 150 g

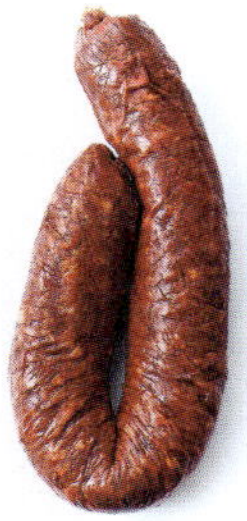

chorizo piquant
70 g

chapelure
40 g

courgettes
× 4

huile d'olive
3 cuillerées à soupe

citron bio
× 1

prêt en 10 minutes

10 minutes de cuisson

pour 4 personnes

- Préchauffer le four à 230 °C. Nettoyer les courgettes, réaliser des lamelles fines avec un économe. Mélanger avec l'huile, assaisonner et étaler sur une plaque.
- Couper le chorizo en morceaux, les mixer avec la chapelure.
- Déposer les pavés de cabillaud sur la plaque. Recouvrir de crumble de chorizo. Cuire 10 minutes, en tournant la plaque à mi-cuisson et en remuant les courgettes.
- Servir en zestant le citron sur les courgettes.

PASTA AU THON

prêt en 10 minutes

15 minutes de cuisson

pour 4 personnes

penne
250 g

concentré de tomates
70 g

citron confit
× 1 petit

thon à l'huile
220 g

harissa fraîche
1 grosse cuillerée à soupe

coriandre
× ½ bouquet

- Couper le citron en dés.
  Laver et effeuiller la coriandre.
- Dans une grande poêle ou sauteuse, mettre les pâtes, le concentré de tomates, le citron confit, la harissa et 4 cuillerées à soupe de l'huile du thon. Ajouter 70 cl d'eau et ½ cuillerée à café de sel. Porter à ébullition, remuer.
- Baisser le feu et cuire 8 à 10 minutes à couvert, en remuant régulièrement.
- Rectifier l'assaisonnement si besoin.
  Servir avec la coriandre.

COQUILLETTES & JAMBON

prêt en 5 minutes

7 minutes de cuisson
2 minutes de repos

pour 2 personnes

coquillettes
250 g

beurre
50 g

comté
150 g

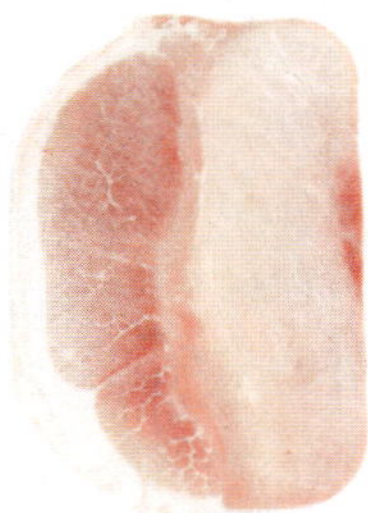

jambon blanc
× 4 tranches

- Couper le jambon en dés, râper le comté.
- Dans une grande sauteuse, mettre les pâtes, le beurre, 60 cl d'eau et ½ cuillerée à café de sel. Poivrer, porter à ébullition. Baisser le feu et cuire 7 minutes en remuant régulièrement.
- Éteindre, ajouter le comté et le jambon. Couvrir, attendre 2 minutes, remuer. Rectifier l'assaisonnement si besoin.

SPÄTZLE LARDONS & MUNSTER

spätzle
400 g

lardons allumettes
150 g

champignons de Paris
× 4 gros

courgette
× 1

crème fraîche épaisse
25 cl

munster au cumin
100 g

prêt en 10 minutes

8 minutes de cuisson
2 minutes de repos

pour 4 personnes

- Nettoyer les légumes. Couper la courgette en quatre dans la longueur puis émincer. Émincer les champignons. Couper le munster en tranches, retirer la croûte.
- Dans une grande poêle faire revenir 5 minutes sur feu vif les lardons, les spätzles et les légumes. Ajouter la crème, cuire 3 minutes.
- Hors du feu, ajouter le munster. Couvrir, attendre 2 minutes.
- Remuer et servir immédiatement.

SPAGHETTIS AU TARAMA

spaghettis
250 g

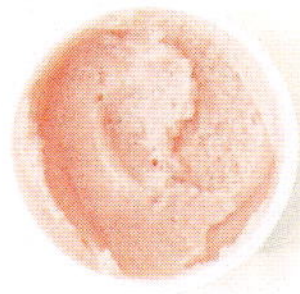

tarama blanc
150 g

œufs de truite
90 g

ciboulette
× 1 botte

citron bio
× ½

prêt en 5 minutes

10 minutes de cuisson

pour 4 personnes

- Ciseler la ciboulette.
- Dans un saladier, mélanger le tarama et un filet de jus de citron.
- Cuire les spaghettis *al dente* dans une grande quantité d'eau salée. Égoutter.
- Mélanger les pâtes dans le tarama, poivrer. Servir avec la ciboulette et les œufs de truite.

RIZ CANTONAIS EXPRESS

prêt en 5 minutes

7 minutes de cuisson

pour 4 personnes

riz basmati précuit
500 g

huile neutre
4 cuillerées à soupe

œufs
× 5

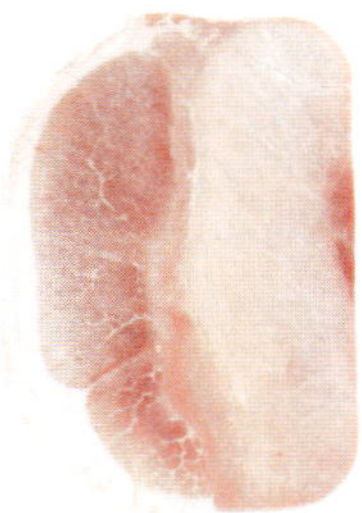

jambon blanc
× 4 tranches

petits pois surgelés
170 g

sauce soja
3 cuillerées à soupe

- Couper le jambon en dés. Égrener le riz à la main et mélanger avec la sauce soja.
- Chauffer la moitié de l'huile dans une sauteuse. Casser les œufs, les cuire 1 à 2 minutes puis les brouiller.
- Ajouter le riz et le reste d'huile, poivrer. Faire sauter sur feu vif 3 minutes.
- Ajouter le jambon et les petits pois. Poursuivre la cuisson 2 minutes. Goûter, ajuster l'assaisonnement.

OMELETTE COMPLÈTE

œufs
× 6

huile neutre
3 cuillerées à soupe

champignons de Paris
× 4 gros

épinards
100 g

cantal
80 g

jambon de pays
× 2 tranches

prêt en 10 minutes

10 minutes de cuisson

pour 2 à 4 personnes

- Nettoyer les champigons, les couper en quartiers. Râper le cantal. Couper le jambon en morceaux.
- Fouetter les œufs avec le cantal râpé, poivrer.
- Chauffer l'huile dans une poêle. Faire revenir les champignons sur feu vif 4 minutes. Baisser le feu, ajouter les épinards, remuer.
- Verser les œufs et cuire selon vos goûts en remuant de temps en temps. Hors du feu, ajouter le jambon.

ŒUFS À LA BASQUAISE

prêt en 10 minutes

10 minutes de cuisson

pour 2 personnes

œufs
× 4

huile d'olive
2 cuillerées à soupe

poivron vert
× 1

tomates cerises
200 g

oignon
× 1 petit

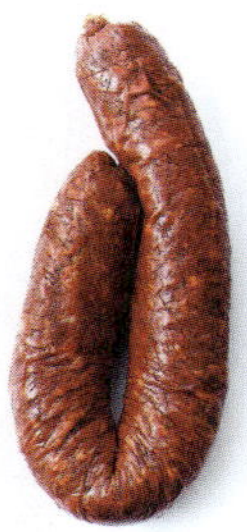

chorizo
60 g

- Nettoyer les légumes. Émincer l'oignon et le poivron. Couper le chorizo en rondelles et les tomates en deux.
- Chauffer l'huile dans une poêle. Verser tous les légumes et le chorizo, assaisonner. Cuire 5 minutes en remuant.
- Baisser le feu et casser les œufs. Couvrir et cuire tout doucement 5 minutes.

FRITTATA

œufs
× 4

courgettes
× 2

oignon
× 1

gorgonzola
120 g

huile d'olive
4 cuillerées à soupe

prêt en 10 minutes

15 minutes de cuisson

pour 4 personnes

- Couper les courgettes en lamelles à la mandoline. Émincer l'oignon. Les faire revenir 10 minutes sur feu moyen dans l'huile d'olive, dans une poêle à bords hauts qui puisse aller au four.
- Battre les œufs avec 2 pincées de sel et de poivre. Verser dans la poêle, ajouter le gorgonzola émietté, laisser cuire 2 minutes.
- Finir la cuisson 3 minutes sous le gril du four.
- Démouler et placer au frais avant de servir.

MI-CUIT AU CHOCOLAT

chocolat noir
200 g

beurre
70 g

sucre
70 g

œufs
× 4 gros

farine
50 g

prêt en 10 minutes

7 minutes de cuisson

pour 6 personnes

- Préchauffer le four à 220 °C. Beurrer et fariner 6 ramequins de 7 cm de diamètre environ.
- Faire fondre le chocolat cassé et le beurre au micro-ondes 1 minute (900 W).
- Fouetter le sucre et les œufs. Incorporer le chocolat puis la farine.
- Verser dans les ramequins, cuire 7 minutes au four. Attendre 2 minutes si on veut démouler.

ROCHERS CROUSTILLANTS

gavottes
70 g

chocolat au lait
100 g

prêt en 10 minutes

5 minutes de repos
sans cuisson

pour 4 personnes

- Faire fondre le chocolat 1 minute au micro-ondes (600 W). Mélanger pour homogénéiser.
- Ajouter les gavottes grossièrement émiettées. Remuer de façon à bien les enrober.
- Faire des tas à l'aide de 2 cuillères, déposer dans des caissettes ou sur un petit plateau. Placer 5 minutes au congélateur.
- On peut remplacer le chocolat par de la pralinoise.

SOLEIL CHOCO-NOISETTE

pâte feuilletée
× 1

chocolat noir
50 g

poudre de noisettes
1 cuillerée à soupe

beurre
20 g

sucre
1 cuillerée à café

prêt en 10 minutes

20 minutes de cuisson

pour 8 personnes

- Préchauffer le four à 180 °C. Faire fondre le beurre et en badigeonner une feuille de cuisson, saupoudrer de sucre. Dérouler la pâte dessus.
- Faire fondre le chocolat au micro-ondes avec 1 cuillerée à café d'eau. Mélanger, étaler sur la pâte. Saupoudrer de poudre de noisettes.
- Poser un verre au centre. Avec la pointe du couteau, détailler 16 parts. Les plier en sandwich et torsader 2 fois.
- Enfourner 20 minutes. Servir tiède ou froid.

TARTE COCO & AVOCAT

prêt en 15 minutes

15 minutes de repos

pour 6 personnes

spéculoos
150 g

huile de coco
90 g

avocats
× 2

noix de coco râpée
20 g

citron vert bio
× 1

sirop d'érable
50 g

- Réduire les spéculoos en miettes. Les mélanger avec 75 g d'huile de coco fondue. Étaler au fond d'un moule rectangulaire (34 × 10 cm), recouvert de papier cuisson. Bien appuyer et faire remonter sur les côtés. Placer 15 minutes au congélateur.
- Mixer l'avocat avec la noix de coco, le jus de citron vert, 15 g d'huile de coco fondue et le sirop d'érable. Verser sur le fond de tarte.
- Placer au frais jusqu'au moment de servir, parsemé de coco râpée et de zeste de citron vert.

MUG COOKIE CHOCO

prêt en 5 minutes

1 minute de cuisson

pour 2 personnes

beurre
30 g

cassonade
20 g

jaunes d'œufs
× 2

farine
60 g

pépites de chocolat
3 cuillerées à soupe

sucre vanillé
1 sachet

- Dans un bol, faire fondre le beurre au micro-ondes 30 secondes (900 W).
- Ajouter les sucres puis les jaunes et mélanger. Incorporer la farine puis les pépites.
- Répartir la pâte dans 2 mugs ou tasses. Cuire 1 minute au micro-ondes (800 W).
- Déguster sans attendre.

MUG AMANDES & MYRTILLES

prêt en 5 minutes

1 min 30 de cuisson

pour 2 personnes

beurre
30 g

sucre glace
15 g

blanc d'œuf
× 1

farine
20 g

poudre d'amandes
25 g

myrtilles surgelées
25 g

- Dans un bol, faire fondre le beurre au micro-ondes 30 secondes (900 W).
- Dans un autre bol, mélanger la farine, la poudre d'amandes et le sucre glace. Incorporer le blanc d'œuf puis le beurre fondu. Finir par les myrtilles.
- Répartir la pâte dans 2 mugs ou tasses. Cuire 1 min 30 (800 W).
- Déguster sans attendre.

ROCHERS COCO

prêt en 10 minutes

10 minutes de cuisson

pour 16 rochers

noix de coco râpée
125 g

sucre
70 g

blancs d'œufs
× 2

compote de pommes
1 grosse cuillerée à soupe

- Préchauffer le four à 200 °C. Dans un saladier, mélanger tous les ingrédients.
- Faire des petits tas à l'aide de 2 cuillères et déposer sur une plaque garnie de papier cuisson.
- Enfourner 10 minutes en tournant la plaque à mi-cuisson.

MONT-BLANC EXPRESS

prêt en 10 minutes

sans cuisson

pour 4 personnes

expressos serrés
× 4

meringue
× 1 grosse

crème de marrons
100 g

crème fleurette
15 cl

rhum
2 cuillerées à soupe

- Monter la crème en chantilly ferme.
- Incorporer délicatement la crème de marrons et le rhum à la spatule.
- Faire des expressos serrés dans des grandes tasses ou des mugs. Émietter la meringue.
- Alterner une couche de crème et une couche de meringue dans chaque tasse. Déguster immédiatement.

CRÈME CHOCO SOYEUSE

chocolat noir ou au lait
120 g

tofu soyeux
200 g

prêt en 5 minutes

sans cuisson

pour 2 à 4 personnes

- Casser 100 g de chocolat. Faire fondre 2 minutes au micro-ondes (600 W).
- Mixer le tofu 1 minute avec un mixeur plongeant.
- Ajouter le chocolat fondu et mixer 2 minutes.
- Servir immédiatement avec le reste de chocolat râpé.

ETON MESS

meringues
× 2 grosses

framboises
250 g

crème fleurette
40 cl

sucre
40 g

prêt en 10 minutes

sans cuisson

pour 4 personnes

- Réserver quelques framboises pour le décor. Écraser le reste à la fourchette avec 30 g de sucre.
- Couper la meringue en petits morceaux. Monter la crème en chantilly avec le reste de sucre.
- Dans des verres, répartir les ingrédients en alternant une couche de meringue, une couche de crème, une couche de framboises. Décorer avec les framboises entières. Servir immédiatement.

FROZEN YOGURT

framboises surgelées
400 g

yaourt grec
400 g

miel
4 cuillerées à soupe

prêt en 5 minutes

sans cuisson

pour 4 personnes

- Réserver quelques framboises. Mixer au robot tous les ingrédients jusqu'à obtenir la consistance d'une glace.
- Servir immédiatement, décoré de framboises entières.

SOUPE PASTÈQUE & MÛRES

prêt en 25 minutes

10 minutes de cuisson

pour 4 personnes

pastèque sans pépins
1,8 kg

mûres
125 g

citron bio
× ½

banane
× 1

amandes
30 g

- Rincer les mûres. Éplucher et couper la banane en lamelles. Griller les amandes 10 minutes au four à 180 °C puis les concasser. Couper la pastèque en tranches, les éplucher. Couper 2 tranches en dés, le reste en gros morceaux.
- Mixer les gros morceaux de pastèque avec 1 cuillerée à soupe de jus de citron. Verser dans des bols puis répartir les petits dés de pastèque, les mûres, la banane et les amandes.

SOUPE FRAISES & CITRON VERT

prêt en 25 minutes

15 minutes de cuisson
1 à 2 heures de repos

pour 4 personnes

fraises
1 kg

citron vert bio
× 1

gingembre
5 cm

amandes effilées
4 cuillerées à soupe

sucre
60 g

- Rincer le citron vert, râper le zeste puis le presser. Rincer et équeuter les fraises, en couper 800 g en morceaux. Éplucher et râper l'équivalent de 2 cuillerées à café de gingembre. Griller les amandes dans une poêle.
- Porter à ébullition les fraises coupées en deux, le gingembre, le jus de citron vert et le sucre puis laisser mijoter 15 minutes. Filtrer le jus et mettre 1 à 2 heures au frais.
- Verser la soupe dans des bols, ajouter les fraises restantes coupées en quatre, les amandes et le zeste de citron vert.

PAMPLEMOUSSES & GRENADE

pamplemousses roses
× 4

grenade
× ½

noisettes
20 g

sucre
50 g

menthe
× 2 brins

prêt en 25 minutes

15 minutes de cuisson
1 à 2 heures de repos

pour 4 personnes

- Faire griller les noisettes dans une poêle puis les concasser. Prélever les graines de grenade. Peler les pamplemousses à vif et prélever les suprêmes. Récupérer le jus restant.
- Porter à ébullition le jus et la moitié des suprêmes de pamplemousse avec le sucre puis faire bouillir 10 minutes. Filtrer et mettre 1 à 2 heures au minimum au frais.
- Rincer et ciseler les feuilles de menthe. Verser la soupe dans des bols et répartir les suprêmes, les noisettes, les graines de grenade et la menthe.

BANANES POÊLÉES

bananes
× 2

lait de coco
10 cl

beurre
25 g

cassonade
10 g

rhum
3 cl

prêt en 5 minutes

5 minutes de cuisson

pour 2 à 4 personnes

- Couper les bananes en deux.
- Chauffer le beurre dans une poêle. Ajouter les bananes et saupoudrer de cassonade. Faire caraméliser sur feu assez vif.
- Verser le rhum, puis le lait de coco. Faire réduire 1 minute. Servir immédiatement.

table des recettes

PLATS CHAUDS

DESSERTS

Recettes issues des livres : *Vite prêt en 10 min Super facile* d'Orathay Souksisavanh, *Soupe Super facile* de Lene Knudsen, *J'apporte quoi Super facile, Salade Super facile* et *Tarte Super facile* de Sabrina Fauda-Rôle.

Photographies des recettes : Charlotte Lascève, Richard Boutin et Akiko Ida.
Photographies des ingrédients : © Richard Boutin, Ilona Chovancova, Audrey Fitzjohn, Rebecca Genet, Valéry Guedes, Akiko Ida, Pierre Javelle, Charlotte Lascève et Elisa Watson.

Mise en pages : Frédéric Voisin
Suivi éditorial : Natacha Kotchetkova

58, rue Jean-Bleuzen, 92178 Vanves Cedex
Dépôt légal : mai 2021
ISBN : 978-2-501-15456-7
13-6247-0/01
Achevé d'imprimer en mars 2021 sur les presses de Macrolibros en Espagne

PAPIER À BASE DE FIBRES CERTIFIÉES

MARABOUT
s'engage pour l'environnement en réduisant l'empreinte carbone de ses livres.
Celle de cet exemplaire est de :
1,8 kg éq. CO_2
Rendez-vous sur www.marabout-durable.fr